Die deutsche Bankgesetzgebung und die Balkankrisis.

Von

Dr. Friedrich Bendixen,
Direktor der Hypothekenbank in Hamburg.

Sonderabdruck aus dem Bank-Archiv 1913, Nr. 16.

Berlin 1913.
J. Guttentag, Verlagsbuchhandlung,
G. m. b. H.

I.

Sollen die Lehren, die die jüngste politische Krisis der deutschen Nation für ihre Geld- und Kreditverfassung gegeben hat, in den Wind gesprochen sein?

Als während der Balkanwirren die Gefahr eines großen europäischen Krieges die Gemüter bedrückte, da erlebten wir die Wiederkehr einer Erscheinung, die wir längst nicht mehr als eine Möglichkeit unserer Tage anzusehen gewöhnt waren. Wir mußten erleben, daß vorsichtige Männer sich einen Schatz von Goldmünzen ansammelten. Das Geld, dessen bloßen Besitz der Geschäftsmann wegen des Zinsverlustes scheut, wurde auf einmal wieder, was es in früheren Zeiten in Truhen und Strümpfen gewesen war, ein „Wertaufbewahrungsmittel“, das seinem Besitzer die Macht zu zahlen und zu kaufen gewährleistete, wenn seine Schuldner zahlungsunfähig wurden und keine staatliche oder private Geldquelle ihm mit Kredit helfen konnte. Die auf diese Weise dem allgemeinen Zahlungsverkehr entzogenen Summen werden von kompetenter Stelle auf eine halbe Milliarde Mark Gold geschätzt. Gegen Noten und Giroguthaben sind von der Reichsbank die goldenen Münzen abgehoben worden, die noch heute in den Geldschränken oder in den Stahlfächern schlummern und den Weg an das Tageslicht wohl erst finden werden, wenn auf dem Balkan der Friede geschlossen ist und das drohende Gewölk am europäischen Himmel sich verzogen hat. Wenn dies geschehen, dann werden die Ausweise der Reichsbank wieder eine erfreuliche Metallfülle zeigen, die Anspannung auf dem Geldmarkte wird schwinden, und die unterbrochene Hochkonjunktur ihren Fortgang nehmen.

Aber dieser ermutigende Ausblick sollte uns nicht abhalten, den seltsamen Vorgang, dessen Zeugen wir gewesen, sorgsam zu prüfen. Denn, verhehlen wir es uns nicht, wir sind einer großen Gefahr entronnen. Wir haben mitten im Frieden einen kleinen Vorgeschmack davon erhalten, was die Kriegsfurcht über das Wirtschaftsleben vermag. Daß die Sorge um das bare Gold bei einer halben Milliarde ihre obere Grenze fand, so daß die Tätigkeit der Reichsbank vor einem Konflikt mit dem geschriebenen Gesetz bewahrt blieb, ist doch nicht mehr als ein glücklicher Zufall. Wer bürgt dafür, daß nicht bei der nächsten europäischen Krisis die Goldabhebungen eine volle Milliarde betragen werden? Und soll dann die Reichsbank, unsere oberste Kredit- und Geldquelle, ihre Pforten einfach schließen, und vor dem dann eintretenden ungeheuren Zusammenbruch die Hände in den Schoß legen in dem Bewußtsein, daß sie den Goldmangel nicht verschuldet habe und ihr Gewissen rein sei?

Wir haben in zweiundvierzig Friedensjahren einen wirtschaftlichen Aufschwung und eine Entwicklung des Geld- und Kreditverkehrs erlebt, wie es sich vor einem Menschenalter auch die kühnste Phantasie nicht hätte träumen lassen. Aber die Verfassung und die Aufgaben der Reichsbank, die den Eckstein unseres Wirtschaftslebens bildet, beruhen auf völlig überlebter rechtlicher Grundlage. Kein Gesetz schreibt der Reichsbank den Umfang der Pflicht vor, Kredit zu geben, Noten zu emittieren und Gold anzuschaffen. Die Reichsbank ist nach dem Gesetz ein privates Erwerbsinstitut, das das Notenprivileg besitzt und dafür große Summen an das Reich zahlen muß. Wie weit sie in der Gewährung von Diskontkredit zu gehen hat, entscheidet nicht das Bedürfnis des Wirtschaftsverkehrs, sondern, wenn man das Gesetz befragt, „ihr“ Verkehr, dessen Umfang zu bestimmen ihr ganz allein überlassen ist und den sie also allein nach Maßgabe ihres Profitinteresses wird einrichten dürfen. Das ist ein unerhörter gesetzlicher Zustand, den man nicht mit dem Hinweis darauf beschönigen kann, daß die Reichsbankleitung von der volkswirtschaftlichen Aufgabe der Zentralnotenbank eine tiefere Einsicht als das Gesetz bewiesen habe. Gerade die Goldsammelei der letzten Monate beweisen die Gefährlichkeit der jetzigen Gesetzgebung. Weil die Reichsbank eben nicht verpflichtet ist, den Umfang ihrer bisherigen Kreditgewährung aufrechtzuerhalten, deshalb greifen die Vorsichtigen zur Selbsthilfe und rüsten sich für den Fall des Versagens der Reichsbank.

Solange das Gesetz darauf verzichtet, die Pflichten der Reichsbank nach dem Stande der heutigen Volkswirtschaft festzusetzen, solange wird man die Uebervorsicht der Goldsammler nicht tadeln dürfen. Das Gesetz verbietet der Reichsbank bei Fehlen ausreichender Golddeckung die Emission von Banknoten. Das klingt ganz harmlos, weil man annimmt, daß die Reichsbank immer in der Lage sein wird, sich das nötige Gold zu verschaffen. Aber diese Annahme ist falsch und jenes Verbot ist von geradezu entsetzlicher Tragweite. Man mache sich doch klar, was das heißt, wenn die Notenemission der Reichsbank stockt. Wenn die Reichsbank nicht mehr diskontiert und lombardiert, wenn von ihr kein Geld zu haben ist, dann ist überhaupt in Deutschland kein Geld mehr zu bekommen, denn die Reichsbank ist als Geldquelle schlechthin unentbehrlich. Jeder außergewöhnliche Geldbedarf nimmt seine Zuflucht zur Reichsbank. Die Wechsel, die die Banken und Bankiers im Portefeuille halten, und die für sie liquide Mittel bedeuten, weil sie jederzeit bei der Reichsbank in Geld verwandelbar sind, diese Wechsel wären plötzlich momentan unverwertbarer, festgelegter Besitz. Und der Geschäftsmann, der ohne Wechselkredit nicht leben kann, wäre im selben Augenblick zahlungsunfähig. Ein Krach ohne gleichen, Panik und Bankerott an allen Enden wäre die sofortige Folge einer Einstellung der Notenemission. Ein Ergebnis übrigens, das die Reichsbank, ohne sich gegen das Bankgesetz zu vergehen, jeden Tag heraufbeschwören kann, denn es steht ja ganz bei ihr, wie viel Noten sie emittieren will. So sieht das Gesetz aus, unter dem wir leben. Statt der Reichsbank die Notenemission unter allen Umständen zur Pflicht zu machen, verbietet das Gesetz ihr sie, wenn es an Gold fehlt, und erlaubt ihr die Einstellung der Notenausgabe nach ihrem Belieben. Man könnte ebensogut der Post die Briefbeförderung oder den Richtern die Justiz als eine Aufgabe überweisen, der sie sich nach ihrem Belieben unterwinden oder entziehen dürften.

Ist es ein Wunder, daß vorsichtige Leute sich den Gefahren dieses Gesetzes lieber nicht aussetzen möchten? Denn gefährlich bleibt die Situation auch bei einer Reichsbankleitung, die sich bewußt ist, daß die Notenstockung ein namenloses Unheil über das wirtschaftliche Leben Deutschlands heraufbeschwören würde. Es ist nicht jedermanns Sache, ein klares Gesetz zu übertreten und sich dem allgemeinen Wohle zuliebe verantwortlich zu machen. Und ehe das Gesetz erlassen wird, das von der Notendeckung dispensiert, ist längst der Krach mit seiner verheerenden Wirkung hereingebrochen.

Oder sollte die Reichsbankleitung den Entschluß, von dem unheilvollen Gesetz im Notfall abzugehen, schon heute zur Beruhigung der Gemüter verkünden? Das dürfte doch wohl nicht angehen. Man würde mit Recht der Reichsbankleitung entgegenhalten, warum sie denn nicht eine Aenderung der Gesetzgebung herbeiführe, um für jenen Notfall gerüstet zu sein, anstatt sich zu dem Willen zu bekennen, gegebenenfalls eine bedenkliche Gesetzwidrigkeit zu begehen. Auch würde man finden, daß eine wirkliche Garantie durch solche Verkündung nicht gegeben wäre, da die Reichsbank es sich doch nicht nehmen lassen würde, ihre Entschlüsse stets nach den Erfordernissen des Augenblicks in voller Freiheit zu fassen. Immerhin würde es für das Publikum von großem Wert sein zu erfahren, wie sich die leitenden Männer der Reichsbank den Zahlungsverkehr nach Ausbruch eines Krieges vorstellen.

In Privatgesprächen sind in den letzten Monaten die seltsamsten Vorstellungen von dem Einfluß des Krieges auf den Geldverkehr laut geworden. Für die Goldsammler gilt es als sicher oder wenigstens wahrscheinlich, daß nach der Kriegserklärung von keiner Bank Geld zu bekommen sein würde. Es wäre schon erwünscht, wenn man aus leitenden Finanzkreisen erführe, daß die bestehenden Organisationen die Begründung von Darlehnskassen mit Emissionsberechtigung und ähnlicher für den Kriegsfall zu schaffender Hilfsanstalten ganz überflüssig machen würden. Dies freilich hätte zur Voraussetzung, daß die Reichsbank imstande und willens wäre, ihre Notenemissionen unter allen Umständen aufrechtzuerhalten. Das also ist das erste und wichtigste Ziel gesetzlicher Neuordnung.

Was demnach zu verlangen ist, ist ein Gesetz, nach welchem die Reichsbank nicht berechtigt, sondern verpflichtet ist, Noten auszugeben, und zwar nicht nach Maßgabe „ihres“ Verkehrs, sondern des Verkehrs. — Die Deckung, welche die Reichsbank für die ausgegebenen Noten zu halten verpflichtet ist, mag in der bisherigen Weise normiert werden. Wir wollen heute nicht die früher erörterte Frage wieder aufwerfen, unter welchen Umständen der Verzicht auf die Drittel-Golddeckung volkswirtschaftlich unbedenklich sein würde. Nur das wäre zu betonen, daß das Fehlen einer für angemessen gehaltenen Golddeckung die Reichsbank nicht mehr berechtigen darf, die Kreditgewährung zu beschränken. Sie wird solchenfalls die Notenemission aufrechtzuerhalten und sich nur vor dem Reichskanzler und der Oeffentlichkeit wegen der Nichteinhaltung der Deckungsbestimmungen zu exkulpieren haben.

Und die Gefahr der Inflation? Wird nicht, wenn der Notenausgabe keine Schranke gesetzt ist, eine das Wirtschaftsleben gefährdende Ueberschwemmung mit Zahlungsmitteln eintreten? Von der Inflation ist in letzter Zeit wieder viel die Rede. Die Goldorthodoxie, welche jede nicht voll mit Gold gedeckte Note für — gerade herausgesagt — Schwindel erklären möchte, begleitet stets die Vermehrung der papierenen Zahlungsmittel mit klagenden Warnungen vor Inflationen, und auch die Reichsbank verteidigt die Vermehrung der Reichskassenscheine vor dem Vorwurf der Inflation mit der Begründung, es handle sich ja nicht um Schaffung neuer Zahlungsmittel, sondern um Ersetzung goldener durch papierene. Als ob also doch die Neuschaffung papierener Zahlungsmittel ohne Golddeckung als Inflation anzusprechen wäre! Was hat es denn nun eigentlich für eine Bewandtnis mit der Inflation, diesem Schreckwort, das sich in Ermangelung einer klaren Vorstellung so häufig vernehmen läßt? Denn eben wo Begriffe fehlen, da stellt auch dieses Wort zu rechter Zeit sich ein. Welches ist der Uebelstand, der bei der Notenemission zu vermeiden ist? Man pflegt zu sagen, die Notenemission darf das Verkehrsbedürfnis nicht überschreiten. Aber das ist keine Lösung der Frage. Denn was ist das Verkehrsbedürfnis? Ist das die Geldnachfrage aller kreditfähigen Leute oder auch diese nur unter einer Einschränkung, und welche Einschränkung wäre da zu machen?

Man sieht, wir kommen hier tief in ein Problem hinein, das ich an anderer Stelle erörtert habe[1]), und das wir hier nur streifen können. Grundsatz jeder rationellen Geldschöpfung ist, daß Geld, das bestimmt ist, kaufend zu Markte zu gehen, nicht geschaffen werden darf, wenn nicht Warenvermehrung vorliegt. Eine Notenemission, die sich nicht an diese Grenze bindet, bedeutet Schaffung fiktiven Kapitals mit der Folge von Preissteigerung, Importübermaß und Kreditkrisis, eine Erscheinung, welche den Schlußakt der Hochkonjunkturen zu bilden pflegt, wenn die Ersparnisse erschöpft sind und die Neubauten sich fortsetzen. Unbedenklich ist dagegen die Notenemission, die nicht Nachfrage auf dem Warenmarkt hervorruft, sondern nur zur Abwicklung der Zahlungsverpflichtungen dient, weswegen die Reichsbank den Lombardverkehr an den Quartalsterminen nie hätte verteuern sollen[2]). Gleichfalls unbedenklich ist selbstverständlich die Ausgabe von Kassenscheinen an Stelle eingezogener und thesaurierter

---

[1]) S. den Aufsatz „Die Geldschöpfung" in „Geld und Kapital" S. 54 fg.

[2]) S. die bez. Aufsätze in „Geld und Kapital" S. 115 und 130.

Goldmünzen, wie es jetzt zur Verstärkung des Kriegsschatzes geschehen soll, und worüber wirklich jedes Wort überflüssig ist, und ebenso unbedenklich ist endlich die Ausgabe von Neugeld zum Ersatz derjenigen Geldbeträge, die sich aus Angst vor dem Kriege verkrochen haben und nun auf dem Geldmarkte fehlen.

Soll denn wirklich das Wirtschaftsleben stocken, weil die Kriegsfurcht einzelner das bare Geld in die Kassenschränke versteckt? Man mache sich einmal an einem schematischen Beispiel den Sachverhalt klar. Es seien 100 000 Mark Ersparnisse vorhanden, für die ein neues Haus gebaut werde. Die 100 000 Mark liegen als Guthaben der Sparer beim Bankier und repräsentieren Lebensmittel, die für Unternehmer und Arbeiter bei den Händlern zum Verkauf bereit liegen. 50000 Mark sind bereits verbaut, da treten politische Besorgnisse auf, die Sparer heben ihre Guthaben beim Bankier ab und stecken das Geld in Kisten und Kasten. Der Bau kann nicht fortgesetzt werden, Unternehmer und Arbeiter sind brotlos, und die Händler werden ihre Waren nicht los. Sollen die Hüter des öffentlichen Interesses diese Not mit gebundenen Händen ansehen? Sollen sie warten, bis die Kriegsgefahr vorüber und das versteckte Geld wieder zum Vorschein kommt? Gewiß, ewig wird es nicht versteckt bleiben, es wird sich schon wieder hervorwagen, aber welche Verwüstung hat inzwischen Arbeitslosigkeit und Absatzstockung angerichtet? Mir scheint, hier ist einer erleuchteten Geld- und Kreditpolitik eine dankbare Aufgabe gestellt. Das staatliche Geldinstitut ersetzt das dem Markte entzogene Geld durch neu geschaffene Zahlungsmittel, die es dem Bankier zur Verfügung stellt, ermöglicht so die Vollendung des Baues, hält die Arbeiter in Brot und die Händler in Absatz und

Verdienst und zieht das Geld wieder ein, wenn die Kriegsfurcht verschwunden ist und das versteckte Geld wieder auf dem Markte erscheint. So verhütet die Staatsklugheit den Schaden, der dem Ganzen aus der Aengstlichkeit einzelner zu erwachsen droht. Da die Ausweise der Reichsbank mit ziemlicher Sicherheit die Menge der dem Markt entzogenen Gelder erkennen lassen, so braucht nicht befürchtet zu werden, daß ein Uebermaß von Geld den Verkehr überschwemmen und fiktives Kapital bilde.

Kommt es aber wirklich zum Kriege, so ist die Gefahr, daß allzu reichliche Kreditgewährung fiktive Kapitalbildung hervorrufe, vollends ausgeschlossen. Im Augenblick des Kriegsausbruchs sind für Kapital-Investitionen keine Hände frei. Selbst von den angefangenen Neubauten wird die Mehrzahl liegen bleiben, da die Arbeitskräfte anderweitig gebraucht werden. Wer jetzt Kredit in Anspruch nimmt, ist also ganz gewiß nicht verdächtig, mit fiktivem Kapital eine Maschinenfabrik, ein Walzwerk oder ein Wohnhaus errichten zu wollen. Er braucht das Geld, um Zahlungsverpflichtungen zu erfüllen, und die Zentralbank, welche das Gesamtwohl im Auge hat, muß es ihm gewähren, wenn er in der Lage ist, ausreichende Sicherheit zu leisten, denn sie weiß, daß die Zahlungsunfähigkeit eines Großen den Ruin vieler Kleiner im Gefolge hat. Es handelt sich ja nicht nur um das bare Geld, das sich in Kriegszeiten versteckt, auch der Kredit wird plötzlich und allerorten in der Angst vor Verlusten eingeschränkt. Und wie die Staatsklugheit das versteckte Geld ersetzen muß, so muß sie auch den Kreditbau stützen, der durch die Kreditentziehungen ins Wanken geraten ist. Daß die Reichsbank die ihr in dieser Hinsicht obliegende Aufgabe nicht verkennen wird, darf man nach ihrem ruhmwürdigen Verhalten im Jahre 1901 voraussetzen, als sie durch weitherzigste Kreditgewährung den Ruin zahlreicher Geschäftsleute verhütete, die durch den Zusammenbruch der Leipziger Bank in Mitleidenschaft gezogen waren. Nur erinnere man sich, daß dies freiwillige Arbeit der Reichsbank war. Das Gesetz schreibt ihr solche Hilfeleistung nicht vor, ja es verbietet sie ihr, wenn es für die auszugebenden neuen Noten an der erforderlichen Golddeckung fehlt. Dem Gesetzgeber fehlt eben bisher die richtige Einsicht in den eigentlichen Beruf der Reichsbank.

Für diese ihre vornehmste Aufgabe, in Zeiten der Kreditnot der Eckstein des öffentlichen Vertrauens zu sein, bedarf es einer gesetzlichen Grundlage, bedarf es der Unterordnung der Deckungspflicht unter die Hauptpflicht der Reichsbank, die Pflicht der Kreditgewährung. Werden wir die Novelle zum Bankgesetz, die dies bestimmt, nunmehr erwarten dürfen?

Die Zahlungsunfähigkeit der Reichen — dieses Schreckgespenst der Krisen vergangener Zeiten — muß gesetzlich ausgeschlossen sein. Es ist eine kulturelle Rückständigkeit grotesker Art, wenn in heutiger Zeit gesagt und geglaubt werden kann, bei Ausbruch des Krieges werde ein allgemeines Moratorium erlassen werden, und von den Banken sei dann kein Geld mehr zu bekommen. Es muß wieder die Ueberzeugung allgemein werden, daß, solange nicht der Feind in der Reichsbank regiert, jedermann gegen Hinterlegung beleihbarer Effekten Geld erhalten kann. Dann wird man weder Geld im Hause anhäufen, noch aus Angst vor Geldmangel die gewohnten Kreditgewährungen einstellen. Dann wird die wirtschaftliche Arbeit der Nation, auf deren ununterbrochenen Fortgang alles ankommt, nicht mehr durch politische Beängstigung, übertriebene Vorsicht und schlechte Gesetze gefährdet sein.

II.

Doch nicht nur auf Geld, sondern auch auf Gold ist der Sammeleifer gerichtet gewesen. Nicht allein die Besorgnis vor künftigem Geldmangel war das treibende Motiv, es hat sich auch ein spekulatives Moment in die Bewegung gemischt. Ganz kluge Mitbürger haben berechnet, daß mit dem Ausbruch des Krieges auch der Wert der Reichsmark ins Wanken geraten würde. Wenn die Reichsbank die Einlösung ihrer Noten in Gold suspendiere, wozu sie alsbald durch Reichsgesetz befugt werden würde, so würde Papierwährung eintreten, und das Goldgeld einen höheren Wert bekommen als das Papiergeld. Da sei es doch ratsam, sich schon jetzt mit Gold zu versehen.

Ich glaube nicht, daß diese Spekulation auf das Sinken der deutschen Valuta das Hauptmotiv bei der Goldsammelei gebildet hat. Aber ganz gewiß hat sie mitgewirkt, und ohne Zweifel würde sie um so deutlicher in die Erscheinung getreten sein, je mehr wir uns dem Kriege genähert hätten. Und noch vor Ultimatum und Kriegserklärung wäre die Reichsbank außerstande gewesen, den an sie gestellten Anforderungen auf Gold zu entsprechen. Noch im Frieden hätten wir also die Stockung der Reichsbank oder die Aufhebung des Bankgesetzes erlebt. Wie verschärfend das auf die politische und wirtschaftliche Lage gewirkt hätte, wer will das verkennen.

Hier ist ein neues Problem gegeben, daß mit der oben verlangten gesetzlichen Kreditpflicht der Reichsbank nicht gelöst ist. Wir haben vorhin gefordert, daß die Reichsbank unter allen Umständen die Gewährung von

Diskont- und Lombardkredit aufrechterhalte. Nun lautet die Frage: Wo ist der Goldeinlösungspflicht der Reichsbank die Grenze zu setzen? Soll in politisch bewegten Zeiten das Recht des Notenbesitzers auf Gold bis zum saigner à blanc für die Reichsbank ausgeübt werden dürfen, oder wird man sich zu der Erkenntnis bequemen, daß in diesem Recht auf Gold ein Fehler steckt, der in ruhigen Zeiten belanglos ist, in schwerer Zeit aber verhängnisvoll werden muß?

Die Erfahrungen der letzten Jahre haben das Gute gehabt, eine Illusion zu zerstören, in der früher alle Welt befangen war, den Glauben nämlich, daß das im Verkehr umlaufende oder in den Kassen der Privaten aufbewahrte Gold als eine Reserve der nationalen Zahlungswirtschaft betrachtet werden dürfe. Heute wissen wir, daß dieses Gold das Gegenteil einer Reserve ist, weil es sich nämlich nicht den Zwecken der Nation zur Verfügung stellt, sondern umgekehrt sich der Nation zu privaten Zwecken entzieht. Und dabei hat dieses Gold, wie wir ja eben jetzt erlebt haben, die gefährliche Tendenz, sich auf Kosten des nationalen Goldes gerade dann zu vermehren, wenn die Ungunst der Zeit die Verstärkung des nationalen Goldschatzes verlangt. Es liegt also auf der Hand, daß Politik und Gesetzgebung im nationalen Interesse Partei zu ergreifen haben für den Goldschatz der Reichsbank gegen das Gold in den Taschen der Privaten.

Gottlob macht die Durchführung dieses Gedankens heutzutage keine erheblichen Schwierigkeiten mehr. Der Bankiertag hat sich im vorigen Jahre mit großer Entschiedenheit zu der Notenpolitik der Reichsbank bekannt, und auch von metallistisch befangenen Urteilern wird eingesehen, daß das Gold besser bei der Reichsbank konzentriert als in den Taschen des Publikums verzettelt werde. Aber man läßt es dabei bewenden. Man schreitet nicht fort zu dem notwendigen Schluß, daß dann die Goldeinlösungspflicht der Reichsbank prinzipiell nachgeprüft werden müsse.

Es war theoretisch wie praktisch für die Geldqualität der Banknoten ein erheblicher Fortschritt, daß die Bankgesetz-Novelle von 1909 den Annahmezwang der Reichsbanknoten aussprach. Der Gewohnheit der zünftigen Wissenschaft, den Zahlungsmitteln gerade des großen Geldverkehrs den Geldcharakter abzusprechen und sie als Geldsurrogate zu deklassieren, war damit zum guten Teil der Boden entzogen. Wenn nun aber das Gesetz das Interesse des Gläubigers, statt Noten Goldgeld zu empfangen, leugnete und ihn zwang, sich mit den Noten für befriedigt zu erklären, warum sollten sich dann die Gläubiger der Reichsbank nicht ebenfalls mit Noten zufrieden geben? Darauf wird der Metallist antworten, das Gesetz verneine das Interesse des Gläubigers am Goldempfang nur deshalb, weil er mit den Noten in der Hand sich bei der Reichsbank Gold holen könne; die Bareinlösungspflicht der Reichsbank sei also unerläßliche Voraussetzung für die gesetzliche Zahlkraft der Noten. Aber diese Auffassung läßt sich vor dem Gesetz nicht halten. Denn die gesetzliche Zahlkraft der Noten ist nicht an die Zahlungsfähigkeit der Reichsbank gebunden. Lehnt die Bank — ob durch Gesetz legitimiert oder widerrechtlich, ob freiwillig oder durch die Not gezwungen — Goldzahlungen ab, und entstände selbst ein Goldagio in Deutschland, so bleiben doch, wie das Gesetz einmal lautet, die Reichsbanknoten gesetzliches Zahlungsmittel für Geldschulden. Daraus geht unbestreitbar hervor, daß Einlösbarkeit der Noten in Gold und die Gleichwertigkeit von Noten und Goldgeld nicht die Voraussetzung des Annahmezwanges der Noten ist, jene Antwort also nicht zutrifft. Natürlich muß, wer in den Reichsbanknoten nichts sieht als Forderungsrechte, es als eine schwere Verirrung der Gesetzgebung ansehen, daß sie die Gläubiger in ihrem Lande nötigt, unter Umständen minderwertige Forderungen zu vollem Nennwert in Zahlung zu nehmen. Wer aber den Geldcharakter der Reichsbanknoten erkannt hat und einsieht, daß das Schicksal der nationalen Valuta von allen Staatsangehörigen gemeinsam getragen werden muß, der wird die gesetzliche Zahlkraft der Noten nicht verurteilen. Er wird nur von neuem fragen, warum die Reichsbank von dem Rechte, sich durch Hingabe von Noten von ihrer Zahlungspflicht zu befreien (oder die Goldeinlösung abzulehnen), ausgeschlossen sein soll. Etwa deshalb, weil die Noten einen Text wie Schuldscheine tragen und Gold versprechen? Dem ließe sich leicht durch gesetzliche Aenderung des Textes oder durch ein Gesetzeswort, wie in Oesterreich, abhelfen. Nein, es fehlt jeder vernünftige Grund zur Beibehaltung des gegenwärtigen Verfahrens. Wer die Goldzahlungspflicht der Reichsbank aufrechterhalten will, der verteidigt das private Interesse gegen das nationale.

Man vergegenwärtige sich doch einmal die Natur dieser privaten Interessen. Auf die liebgewordene Gewohnheit, Gold im Portemonnaie zu führen, werden wir ebenso gut verzichten können, wie die Oesterreicher, und wir werden es gern tun, wenn wir einsehen, daß wir damit dem Gesamtwohl dienen. Hoffentlich wird bald zur Erleichterung der Hantierung eine Normal-Notentasche der Reichsbank erfunden und in den Verkehr gebracht (Problem für Lederwarenfabrikanten[3]). Ein wirtschaftliches Interesse, Gold statt Noten bei sich zu führen, gibt es nicht, solange Gold und Noten gleichwertig sind. Und das Interesse der Goldsammler, deren für das gesamte Zahlungswesen gefährliche Tätigkeit den Anlaß zu dieser Erörterung gegeben hat, ist ebenfalls staatlichen Schutzes durchaus unwürdig. Es bleibt dann nur übrig, an die Goldabhebungen zu denken, welche zu Exportzwecken in den Zeiten geschehen, wo die Wechsel auf das Ausland den Goldpunkt übersteigen. Diese Goldexporte sind nicht, wie man früher wohl gemeint hat, dem nationalen Interesse zuwider, vielmehr dienen sie ihm, indem sie der Entwertung der heimischen Valuta entgegenarbeiten. Aber es empfiehlt sich, sie nach österreichischem Vorbild in den Aufgabenkomplex der Reichsbank einzufügen und die Valutaspekulation der Privaten zu verhindern. Denn an der Erschütterung und dem Schwanken der heimischen Valuta sollte niemand ein pekuniäres Interesse haben. Für die Reichsbank, die seit einiger Zeit als Käuferin und Abgeberin von Devisen eine viel intensivere Kurspolitik betreibt, als dies

---

[3]) Ich bitte, das nicht für einen Scherz zu halten. Für die Popularisierung der Noten ist die Hantierungsfrage von entscheidender Wichtigkeit. Nichts steigert die Unbeliebtheit der Noten so, wie die Schwierigkeit ihrer Unterbringung in den gebräuchlichen Portemonnaies. Ein praktisches Täschchen, als „Normal-Notentasche der Reichsbank" zu billigem Preise massenweis in den Verkehr gebracht, könnte viel Nutzen stiften. Wissen wir doch, wie sich alle Welt für derartige neue Erscheinungen interessiert, mit welchem Eifer die Leute eine neue Münze, eine neu erschienene Briefmarke zu erlangen trachten. Hoffentlich findet sich unter den hohen Beamten der Reichsbank einer, der dieser anscheinend so banalen und doch so wichtigen Frage Interesse und praktisches Geschick entgegenbringt und die Normal-Notentasche „organisiert".

in früheren Jahren der Fall war, und die schon auf diese Weise in normalen Zeiten die Mittel beherrscht, um die Ueberschreitung des Goldpunktes zu verhüten, wäre im Notfall die Abgabe von Gold an das Ausland nur die natürliche Folge ihrer Befugnisse und Pflichten. Einer Initiative Privater bedarf es da nicht.

So sehen wir, daß es an einem schutzwürdigen privaten Interesse, das gegenüber dem nationalen Interesse an einem möglichst starken und gesicherten Goldschatz der Reichsbank geltend gemacht werden könnte, durchaus fehlt. Es ist ein Ueberbleibsel vergangener Zeiten und Anschauungen, dieses Recht auf bares Gold, das den Leuten wie der Gipfel der Selbstverständlichkeit erscheint und doch im Grunde nichts ist, als ein Freibrief zur Schädigung des Gemeinwohls durch den Egoismus der einzelnen.

Und diese Macht, die deutsche Zahlungsverfassung zu gefährden, besitzen nicht nur die vielen Kleinen, sondern in weit höherem Grade die wenigen Großen. Wenn es wahr ist, was gesprächsweise berichtet wurde — und es scheint nicht zu bezweifeln zu sein —, daß drei allerdings sehr wohlhabende Staatsangehörige der preußischen Monarchie imstande sein würden, durch Zurückziehung ihrer Depositen in Gold die Reichsbank lahmzulegen und das deutsche Zahlungswesen aus den Angeln zu heben, dann werden wohl auch die konservativsten Köpfe den Zweifel an der Güte der bestehenden Einrichtungen nicht ganz zurückdrängen können. Dann heischt die Frage Antwort, ob das öffentliche Wohl denn wirklich abhängig bleiben darf von dem mehr oder weniger vernünftigen Gebrauch, den einzelne Individuen von ihren Privatrechten machen.

Die Meinung, daß wer Geld zu fordern habe, Gold

verlangen dürfe, ist tief eingewurzelt in der deutschen Vorstellung, aber sie muß im nationalen Interesse überwunden werden. Und sie wird überwunden werden, jemehr die moderne Auffassung des Geldes den alten Irrtum verdrängt, daß das Geld nichts sei als Edelmetall. Geld ist ohne Rücksicht auf den Herstellungsstoff staatlich gesetztes Zahlungsmittel. Der Staat oder die unter seiner Autorität wirkende Zentralnotenbank hat die Pflicht, dem Verkehr die Geldzeichen zur Verfügung zu stellen, die in der Hand des einzelnen Anweisungen auf Gegenleistungen auf Grund seiner Vorleistungen darstellen. Nicht auf Gold, sondern auf Geld richtet sich das Verkehrsbedürfnis.

Aber in den meisten Köpfen hat die Hundertmarknote nur deshalb einen Wert von 100 M., weil man dafür diesen Betrag in Gold von der Reichsbank erheben kann. Wäre das richtig, so wären alle Bilanzen, in denen Reichsbanknoten nach dem Nennwert eingestellt sind, falsch. Denn da auf je hundert Mark Gold etwa zweihundert Mark Noten entfallen, so dürfte die Hundertmarknote nur mit 50 M. eingesetzt werden, ebenso wie ein Haus, das einem nur zur Hälfte gehört, nur mit dem halben Wert in die Bilanz kommen darf. Zu solchen Konsequenzen führt die hergebrachte metallistische Doktrin, wenn sie konsequent sein will.

Doch wir wollen uns mit der Widerlegung alter Irrtümer nicht aufhalten. Wir fragen, welches theoretische oder politische Recht stützt denn noch die Goldforderung, wenn der Glaube an die Identität von Geld und Gold zerstört ist? Fordert etwa der Verkehr bloß zurück, was er der Reichsbank gutgläubig anvertraut? Weit gefehlt.

Seit vielen Jahren ist der Import von Gold keine

Privatangelegenheit mehr. Die Goldeinfuhr ist bei den herrschenden Wechselkursen stets mit größeren oder geringeren Unkosten verknüpft, die niemand auf sich nehmen will. So ist es die Reichsbank allein, die Gold importiert oder für ihre Rechnung importieren läßt. Sie weist zwar in ihren Berichten aus diesem Geschäft meist einen kleinen Gewinn aus, verschweigt aber, daß dieser Gewinn durch Opfer an Zinsen beträchtlich überwogen wird. In Wahrheit also importiert sie das Gold mit Verlust. Dagegen ist nichts zu sagen, soweit das Gold zur Notendeckung dienen soll, denn dann sind die Kosten des Imports für einen nationalen Zweck aufgewandt. Wenn aber das Gold überflüssigerweise umlaufen oder thesauriert individuell-egoistischen Zwecken dienstbar gemacht werden soll, so fehlt jeder vernünftige Grund, es überhaupt oder gar unter dem Anschaffungspreis abzugeben. Hier wäre auch der Goldindustrie zu gedenken, deren Verarbeitung von Münzgold auf eine Uebervorteilung der Reichsbank hinausläuft. Scheint es nicht einfach ein Erfordernis der Billigkeit, daß, wer für sein privates Interesse Gold zu haben wünscht, dafür auch die Importkosten tragen muß? Es mag ja jedem unbenommen bleiben, sich einen Schatz an deutschen Reichsgoldmünzen anzulegen. Aber dann soll er für eigene Rechnung sich das Gold aus dem Ausland verschreiben und nach dem gesetzlichen Münzfuß mit 2790 Mark pro Kilogramm in deutschen Münzanstalten ausprägen lassen. Wenn die Reichsbank sich an dem Unternehmen kommissionsweise beteiligen und gegen Wechsel auf das Ausland Zug um Zug Reichsgold unter Abzug der Spesen abgeben will, so wäre dagegen nichts einzuwenden. Sie hat es dann ja in der Hand, das ihr entzogene Gold durch Einkassierung der Wechsel im Auslande wieder zu ersetzen. Nur die Goldabgabe gegen Noten und Giroguthaben sollte aufhören.

Aber wäre etwa zu befürchten, daß der Markwechsel im Auslande durch die hier geforderte Maßregel an Kredit verlöre? Ich verkenne nicht die Bedeutung, die die fortschreitende Beteiligung der deutschen Bankwelt an dem internationalen Wechselgeschäft hat, und würde jenes Bedenken auch dem gebieterischen nationalen Interesse gegenüber nicht für ganz irrelevant halten. Aber man darf sich darüber beruhigen. Nicht auf Gold kommt es im Wechselverkehr an, sondern auf die Stabilität der Valuta. Die Bareinlösung hat in früheren Zeiten nicht verhindert, daß Scheck London gelegentlich auf 20,60 stieg. Wenn nunmehr die Reichsbank verpflichtet wird, die Parität unserer Valuta mit ausländischen Goldvaluten innerhalb der Goldpunkte aufrecht zu erhalten und diese Aufgabe mit Hilfe ihrer Devisen und ihres Goldschatzes mit automatischer Regelmäßigkeit erfüllt; wenn gleichzeitig ihre Ausweise einen Goldbestand von 2 Milliarden aufzeigen — denn diesen Betrag wird man aus In- und Ausland unschwer aufbringen können —, dann wird die deutsche Valuta auf dem Weltmarkt vor jedem Mißtrauen gesicherter sein, als es bei der heutigen Verfassung der Fall ist. Denn darüber täusche man sich nicht. Wenn die Reichsbank in den vergangenen Monaten vor dem sichtbaren Hinschwinden ihrer Goldvorräte ihre Zuflucht zur gesetzlichen Einstellung der Barzahlung hätte nehmen müssen, so hätte diese Maßregel die deutsche Valuta in der politisch verängstigten Zeit viel peinlicher kompromittiert, als es die hier vorgeschlagene gesetzliche Ordnung vermöchte, die auch in Krisenzeiten einen reichlichen Goldschatz und stabile Wechselkurse gewährleistet.

Den Goldschatz der Reichsbank als nationales Eigentum dem Zugriff individuellen Eigennutzes zu entziehen und die Bedürfnisse des Verkehrs mit Noten zu bestreiten — diese Forderung habe ich in den vorstehenden Ausführungen wesentlich aus dem Gesichtswinkel einer praktischen nationalen Bankpolitik zu begründen versucht. Ich möchte aber nicht unterlassen, den wissenschaftlich interessierten Lesern auch einen theoretischen Gedanken zur Unterstützung meines Standpunkts an die Hand zu geben.

Unzweifelhaft, weil empirisch bewiesen, hat eine Hundertmarknote den gleichen Wert, wie derselbe Betrag in Goldmünzen, und in jeder Vermögensbilanz werden beide Geldsorten mit Recht als gleichwertig behandelt. Aber ebenso unzweifelhaft hat die Goldmünze kraft ihrer Substanz neben ihrem Geldwert noch einen besonderen Wert, der in den Privatbilanzen einfach verschwindet. Ist nun deshalb etwa der Goldwert der Münzen aus der Welt geschafft oder unter welchem Gesichtspunkt tritt dieser Wert wieder effektiv in die Erscheinung? — Es ist der nationale Gesichtspunkt im Gegensatz zum individuellen. In einer nationalen Vermögensbilanz finden die papierenen Zahlungsmittel keinen Platz, sie bilden nur Forderungen der Einheimischen untereinander, die das Gesamtvermögen der Nation nicht berühren. Die Metallmünzen dagegen sind reale Güter nach ihrem Metallgehalt und bilden Vermögenswerte der Nation. Es ist also gerade umgekehrt wie beim individuellen Besitz. Der Substanzwert des Geldes, der für die Individuen gleichgültig ist, ist für die Nation realer Besitz. So führt auch eine rein theoretische Betrachtung zu der Einsicht, daß der Goldschatz als ein gemeinsames Gut der Nation in die Verwahrung der

Zentralbank und nicht in die Taschen und Kassen des Publikums gehört.

Vor der letzten Banknovelle habe ich in zwei Aufsätzen[4]) auf die Ueberlebtheit unseres Bankgesetzes hingewiesen. Ohne Erfolg, denn man hielt es nicht für nötig, die Reichsbank, die sich im Gesetz als privilegiertes Erwerbsinstitut darstellt, aus den Fesseln privater und fiskalischer Interessen zu lösen und ihr den Charakter beizulegen, der ihr als dem Zentralorgan der deutschen Geld- und Kreditverfassung zukommt. Damals ahnte niemand, wie bald die theoretische Forderung durch die Sprache des Lebens unterstützt werden würde, wie bald die Ungewißheit über die Leistungsfähigkeit der Reichsbank sich als verhängnisvoller Faktor in politisch bewegter Zeit erweisen werde. Heute sind wir gewarnt. Bleibt die eindringliche Sprache, die die Geschichte der letzten Monate zu uns geredet hat, unbeherzigt, halten wir fest an überlebten Gesetzen und veralteten Bestimmungen, so dürfen wir uns nicht beklagen, wenn das nächste politische Unwetter den schlecht fundierten Bau unserer Geld- und Kreditverfassung bis in seine Grundfesten erschüttert. Discamus moniti.

[4]) Abgedruckt in „Geld und Kapital“ S. 65 und 76 fg.

FSC
www.fsc.org
MIX
Papier | Fördert gute Waldnutzung
FSC® C083411

Kolibri 360 GmbH
Ferdinand-Jühlke-Straße 7
99095 Erfurt, Deutschland
produktsicherheit@kolibri360.de